Für Maxime, Cleo und Nici

Caroline Rosales

Allerbeste Schwestern

Mit Illustrationen von
Laura Bednarski

CARLSEN

Bella ist **wütend**. Und immer, wenn sie wütend ist, schnappt sie sich ihr Lama Zeus, ihre Buntstifte, Schablonen, den Glitzerkasten und die Klebesterne, setzt sich an den Küchentisch und beginnt zu malen.

Dabei denkt sie an ihren Bruder Arthur, der heute morgen beim Frühstück Kakao verschüttet hat. An den Kater Milou, der die Käsescheibe vom Tisch geklaut hat. An Mamas Küsse und die roten Lippenstiftflecke auf ihren Wangen, die Bella immer wegrubbeln muss.
Und an Paulos Geschichten. Die handeln von Drachen, Prinzessinnen mit Knick in der Krone, Einhörnern, die gerne auf Wolken liegend Mangos essen und Kaugummis kauen und großen Familien, die streiten und sich vertragen.
Und dann denkt Bella an Laura.
Ihre liebste Laura.

unser
Haus

Mit vielen bunten Stiften beginnt Bella ihre eigene Geschichte zu malen.
Sie zeichnet ihre kleine Wohnstraße mit den vielen roten, grünen und blauen Autos.
Paulos Büro, zwei Straßen weiter, wo es so ordentlich ist, dass Arthur und Bella es immer „das Museum" nennen. Bücherstapel, Postkarten und Babyfotos an den Wänden, Zeichnungen, die er als Grafiker für die Arbeit braucht, alles ist sauber archiviert und beschriftet. Paulos Bürowände sind die Landkarte seiner Träume.

Neben Paulos Büro, gleich eine Straße weiter, malt Bella **Mamas Blumenladen** mit den Krokussen im Schaufenster. Nach der Schule hilft Bella Mama oft beim Gießen. Dann kommt meistens auch Frau Lillienberger vorbei, die Katzengras für ihren Kater kauft. Die Auswahl dauert ganz schön lange, denn jede Pflanze muss probiert werden.
„Bällchen ist sehr wählerisch“, sagt Frau Lillienberger dann immer und deutet auf den Kater, der faul in seinem Katzen-Kinderwagen liegt.

Annas
Blumenladen

Bella malt ihre **große Wohnung** mit den vielen Sofakissen. Und die **Bücherregale**. In denen Mama ihr **Geheimfach** für Pralinen hat. Wenn man immer nur eine nimmt, merkt Mama es gar nicht. Und die **versteckten Bonbons** hinter dem Klavier. Weil Bella als eine echte Moosburger keinen Tag ohne Süßigkeiten leben kann und jedes Stückchen Zucker hier wie ein Schatz verteidigt wird. Einmal hat Arthur seinen Schoko-Nikolaus so gut versteckt, dass er nach Weihnachten als Fondue hinter der Heizung herausgelaufen ist.

Bella malt den Dschungel aus **hohen Topfpflanzen**.

Das **Lagerfeuer** mit den Puppen unter dem Hochbett.

Mamas Lippenstifte im Badezimmer, die Bella nur benutzen darf, wenn Mama **nicht guckt**.

Paulos Plattensammlung im Schlafzimmer, die Arthur und Bella **nur mit den Augen** und **nicht mit den Fingern** anschauen dürfen.

Bellas Geschichte beginnt so:
Es war einmal eine Familie, die hieß mit Nachnamen Moosburger und lebte in einer großen Stadt mit vielen Autos, Fahrrädern, Bobbycars, Mofas und Kindern. Hier wohnen sie also, die Moosburgers: Mama Anna, Mamas Freund Paulo, Bruder Arthur, der geht schon in die vierte Klasse, Kater Milou und eben Bella.
Bella geht in die erste Klasse.

Und Laura.

Laura geht auch in die erste Klasse und ist Paulos Tochter. Sie kam **ganz plötzlich** zur Familie Moosburger dazu.

Und das war am Anfang gar nicht so leicht für Bella.

Als Bella noch in den Kindergarten ging, hatte ihr Papa seine Sachen in eine Wohnung um die Ecke gebracht. Und Mama war mit Arthur und Bella über ihren Blumenladen gezogen. Mama und Papa haben damals zu Bella gesagt, dass sie **kein Paar mehr** sind, aber für immer Bellas und Arthurs **Eltern**. Und dass sie sich noch sehr mögen. Für Bella und Arthur war das zuerst ganz schön komisch. Aber dann haben sie gemerkt, dass viele Kinder auf dem Spielplatz, im Kindergarten und in der Schule getrennte Eltern haben.
Außerdem fand Bella es gut, dass Arthur immer bei ihr war.

An den Wochenenden kam Papa und hat sie abgeholt – und dann haben sie zu dritt Höhlen gebaut. Papa mag Höhlen. Freitagabends sagt er oft: „Kommt, wir machen ein **Höhlen-Pizza-Picknick**.“ Dann kneten die drei zusammen den Teig, belegen ihn mit Tomaten, Champignons, Ananas und Käsebällchen und wenn die Pizza fertig ist, kommt der Papa-Pizza-Lieferdienst direkt bis zur Höhle gefahren. Von Anfang an waren die Wochenenden mit Papa immer etwas **ganz Besonderes**.

Und auch Mama hatte nach dem Umzug wieder **viel mehr gelacht** und roten Lippenstift getragen. Arthur war dann nachmittags in Mamas Blumengeschäft mit den Hausaufgaben beschäftigt und Zeus und Bella halfen beim Straußbinden, bis es ihnen langweilig wurde. Dann sagte Mama immer: „Komm, wir binden einen **verrückten Lama-Strauß**.“ Dafür suchte Bella Zeus’ Lieblingsblumen aus. Und die waren so bunt wie ein Regenbogen.

Das war so schön – **bis Laura kam.**

Aber eigentlich kam Paulo zuerst. Paulo ist Mamas neuer Freund.

Paulo und Mama hatten sich eines Tages auf dem Flohmarkt kennengelernt, als sie am selben Stand nach einer Platte schauten. Erst kam Paulo immer nur zu Besuch und spielte stundenlang Gitarre. Und machte Witze, die kein bisschen komisch waren, aber Mama musste trotzdem laut lachen.

Später hat er immer mit Mama Wein getrunken und im Wohnzimmer getanzt. Mama nannte Paulo dann plötzlich **„mein Liebster“** und Paulo sagte zu Mama **„Chérie“**. Bella und Arthur konnten nicht schlafen bei dem Krach. Deshalb sind die beiden dann einfach aus ihren Betten gekommen und haben mitgetanzt.

Paulo hat Bella und Arthur sogar hochgewirbelt und durch die Luft fliegen lassen – bis Mama gesagt hat, dass es schon spät sei.

Das war alles **so lustig**, aber dann kam Paulo mit seiner riesigen Plattensammlung. Das waren mindestens fünfzig Kartons – und Mama hat gesagt, dass Paulo jetzt auch hier wohnt.
Auch das war noch okay.
Bis zu dem Tag, an dem Laura kam, die Tochter von Paulo.
Bella war sofort genervt von Laura.
Von der ersten Minute.
Und das hatte **viele Gründe**.

Familie
Moosburger

Erst hat Laura **Zeus gekämmt**,

dann das **Zimmer** aufgeräumt,

Bellas **Buntstifte sortiert**,

und abends sogar gesagt, dass Bella und sie doch beim Kochen helfen könnten.

Außerdem ließ Paulo jetzt immer erst Laura und dann Bella hochwirbeln – das war nur noch halb so lang wie früher, weil Paulo so schnell sagte: „Mädels, mein Rücken. Ich brauche eine Pause."

Und dann sagte Mama auch noch, dass Laura jetzt drei Tage die Woche bei ihnen wohnt.
„Bella, Laura wird ab jetzt mit dir das Zimmer teilen, sie bekommt das Hochbett oben und Arthur zieht in mein Arbeitszimmer."

Bella schüttelte den Kopf und rief laut „Nein!“
Dicke Tränen kullerten über ihre Wangen.
„Hier ist überhaupt kein Platz. Wo sollen meine ganzen Spielsachen hin? Und außerdem schlafe ich oben.“
„Wir sind jetzt eine Familie“, antwortete Mama. „Und Laura könnte vielleicht deine neue Schwester sein. Wenn du möchtest. Sie ist auch sechs Jahre alt, genau wie du. Und sie geht auf dieselbe Schule. Sie freut sich total auf dich, weil sie immer schon eine Schwester haben wollte. Ist das nicht toll?“
„Aber ich brauche keine Schwester“, rief Bella. „Ich habe schon einen Bruder. Das reicht.“
Mama streichelte Bella über den Kopf und sagte: „Das wird schon.“ Aber eigentlich hat Mama das mehr zu sich selbst gesagt. Dann ging sie aus dem Zimmer.

Bella bebte vor Wut und fing sofort an, ihr Zimmer umzuräumen. In Windeseile rückte sie die schwere Truhe mit der Holzeisenbahn neben ihr Bett, stellte das Spielzelt in die Mitte des Zimmers und baute für Zeus ein Nest aus Kissen, Decken und Girlanden gleich neben der Tür.
Hier war kein Platz für Laura. Wo sollten denn ihre Sachen hin? Leider war alles schon voll.

Zeus war richtig sauer und Bella sogar noch mehr. „**Immer Laura!**“, dachte Bella. „Weil sie alles **so toll** macht.“

Laura putzt sich **drei Minuten lang** die Zähne.
Mit einer Sanduhr.

Laura trocknet das **Geschirr** mit Mama ab.

Laura kann **Ballett** tanzen. Wenn sie im Tutu einen Spagat auf dem Wohnzimmer-Teppich macht, klatschen Mama und Paulo ganz laut.
Jedes Mal.

Laura kann eine Murmel aus einer Glasflasche holen.
In **weniger** als einer Minute.
Arthur hat die Zeit auf seiner Armbanduhr gestoppt.

Einen **Kakteengarten** pflanzen.
„Du könntest auch Floristin werden", hat Mama gesagt und Laura über das Haar gestreichelt.

Freihändig Radfahren.
Sogar auf dem holprigen Weg zum Spielplatz.

Und Riesenseifenblasen machen.
Aber Bella fährt mit ihrem Roller immer zufällig direkt in die großen schillernden hinein.

Plopp!

Mama und Paulo hatten
nur noch Augen
für Laura, fand Bella.

Sehr oft war Bella abends im Bett beim Einschlafen richtig böse auf Laura.
„Blöde Laura“, dachte Bella. Und dass sie Laura loswerden musste. So schnell wie möglich.
Bella fand, dass es schon genug Veränderungen in ihrer Familie gegeben hatte. Und Laura war einfach eine zu viel. Der Tropfen, der das Fass zum Überlaufen brachte.
Mama und Paulo hatten nämlich schon ein Mädchen, um das sie sich kümmern müssen.
Und zwar Bella.

Deswegen versuchte Bella, es Laura in der Wohnung ganz ungemütlich zu machen.

Sie tunkte Lauras Zahnbürste in Honig – und stellte sie zurück.

Klebte Lauras Schulbuchseiten zusammen.

Rasierte Lauras Teddy zur Hälfte (dann ging der Rasierapparat kaputt).

Schnitt Lauras Lieblingspuppe Hilda die Haare. Hilda sah danach aus wie ein explodierter Kaktus.

Füllte Lauras Schulranzen mit Konfetti.

Versteckte Lauras Schulhefte und hoffte, dass Laura dafür Ärger bekommen würde.

ABER Laura fand das alles auch noch gut.

„**Lecker**, Honig."

„**Cool**, dann muss ich keine Hausaufgaben machen."

„Kurz steht ihr viel besser. Und der Teddy sieht auch **super** aus. Jetzt ist er nicht mehr so kratzig."

„Konfetti, **hurra**!"

„Ach, das Heft war eh schon voll. Ich kaufe mir von meinem Taschengeld ein neues."

Und dann **bedankte** sich Laura auch noch bei Bella, weil sie so nett zu ihr war, und schenkte Bella ein selbst genähtes Portemonnaie. Laura hatte die Geldbörse in raschelnde Glitzerfolie verpackt. Als sie Bella das Geschenk überreichte, lächelte sie

und sah dabei aus wie ein niedlicher Hamster.
„Du bist die **beste Schwester** der Welt", sagte Laura und lächelte.
Bella fühlte sich plötzlich schlecht und dumm, weil sie so gar nichts ausrichten konnte. Wieder kullerten am Abend Tränen, die das Lama-Fell aufsaugen musste.
„Ich brauche noch bessere Streiche", dachte Bella.

Also sammelte Bella den ganzen Nachmittag Nacktschnecken. Auf den feuchten Wiesen und Wegen im Park waren genug unterwegs. Zu Hause holte sie die schleimigen Dinger aus ihrer Regenjacke und legte sie in Lauras Bett mit der Blümchenmatratze. Auf jede Blume eine.

Am Abend las Laura noch eine Gute-Nacht-Geschichte vor wie immer vor dem Schlafengehen.

„Na warte, du alte Streberin“, dachte Bella und wartete auf den Moment, in dem Laura unter ihre Bettdecke schlüpfen würde.

„Gute Nacht, liebe Bella“, sagte Laura irgendwann und ließ ihre Füße unter die Decke gleiten. Sofort **quietschte** sie laut auf. Bella hatte Mühe, sich ihr Lachen zu verkneifen.

Hektisch suchte Laura nach dem Schalter ihrer Nachttischlampe, aber fand ihn nicht. Schreiend rannte sie zur Tür, stolperte über die Holzburg und weinte bitterlich. Dann kamen Paulo und Mama hineingestürmt. Paulo drückte Laura ganz fest in seine Arme.

Laura stotterte. Ihre Stimme war spitz. „Papa, da sind Würmer … **überall**.“

Mama knipste das Licht an, zog Lauras Decke hoch und sah die Schnecken. Bella traute sich nur mit einem Auge hinzusehen.

„**Das ist ja eklig!**“, rief Paulo.
Mama sagte jetzt gar nichts mehr und schaute Bella nur traurig an. Dann verließen Mama, Paulo und Laura das Zimmer. Bella fühlte sich auf einmal **sehr allein**.

Am nächsten Tag redete Mama mit Bella allein. Sie sprach von Familie und Zusammenhalten. Bella wollte nicht zuhören. Sie hatte Zeus fest an sich gedrückt und starrte an die Wand ihres Kinderzimmers.

„Ich werde Laura **niemals** mögen“, sagte sie.

„Nie.“

Doch dann passierte ein paar Tage später etwas Unerwartetes.

Bella stand auf dem Schulhof an eine Wand gelehnt und aß ihr Pausenbrot. Erste Frühlingssonnenstrahlen schienen durch die Bäume. Rindenstückchen lagen seit dem Sturm von vergangener Nacht in den Pfützen. Bella hielt Zeus fest im Arm und blinzelte in die Sonne.

Deswegen hatte sie die Kinder erst gar nicht kommen sehen. Die Gruppe lief direkt auf sie zu und plötzlich hatte Bella ein bisschen Angst.

Das waren nicht ihre Freunde.

Einer der Jungs nahm Bella ihr Pausenbrot aus der Hand, ein anderer zog Zeus aus ihrem Arm und warf ihn auf den Boden.

Dabei konnte man das Lama gar nicht gut waschen, sagte Mama immer.

Bella traute sich nicht, Zeus wieder aufzuheben, weil die Kinder sie so böse anschauten.

„Lasst mich in Ruhe und gebt mir mein Lama!“,
schrie Bella.
Aber das war den Jungs egal.

„Habt ihr das gehört? Sie will **ihr Lama** zurück. Dabei ist das doch mein neuer Fußball“, rief der größte Junge. „Damit kann ich super kicken.“
Er versetzte Zeus einen Tritt und das Lama flog im hohen Bogen in die nächste Pfütze.
Bella liefen Tränen über die Wangen.
„Das dürft ihr nicht machen. Dafür bekommt ihr Riesenärger!“
Die anderen Jungs in der Gruppe lachten.
Der Zweitgrößte lief zur Pfütze und stellte den Fuß auf Zeus’ Bauch. Dann nahm er Anlauf und rief:
„Achtung, fliegendes Lama!“
Zeus segelte wieder durch die Luft.
Sein weißes Fell war braun vor Matsch.

„Wenn das mein großer Bruder sieht!“, schrie Bella. Aber von Arthur war weit und breit nichts zu sehen. Bestimmt spielte er Tischtennis auf dem Hof um die Ecke.

Auch Henriette und Mabel, die sonst immer mit Bella spielten, hatten die Szene bemerkt. Aber sie standen nur am Rand und kicherten.

„Du kleine **Angeberin**“, rief der größte Junge. „Das ist dafür, dass Arthur gestern beim Fußball zu viele Tore geschossen hat.“

„Ja, genau!“, rief der rothaarige Junge. „Und du hast am Rand gestanden und geklatscht.“

Die anderen Kinder johlten.
„Mal gucken, wie so ein Lama von innen aussieht."
Der Anführer grinste gemein.
„Nein! Das dürft ihr nicht. Es gibt Zeus doch nur einmal!", schrie Bella.
Sie stürzte auf den Jungen zu, aber zwei seiner Freunde waren schneller und hielten sie am Arm fest. Bella versuchte sich loszureißen, um Zeus zu retten, aber sie hatte keine Chance. Die Jungs waren stärker. Immer mehr Kinder versammelten sich um die Jungs und Bella. Aber **niemand** versuchte ihr zu helfen.
Bella musste **SO** weinen, dass sie nichts mehr sehen konnte.

Da rief plötzlich jemand ganz laut „HEY“
und drängelte sich durch den Kreis.
Laura.

Die Jungs, Mabel, Henriette und die anderen Kinder starrten sie an. Laura stampfte auf Bella zu und baute sich vor den Jungs auf, die Bella festhielten.
„Tobi, Henry, lasst sie **sofort** los."
Die beiden Jungs sahen Laura spöttisch an.
„Warum?", fragte Henry und grinste.
„**Darum**", sagte Laura. „Und weil ich sonst Frau Biber sage, dass du immer bei mir abschreibst und superschlecht in Mathe bist."
Henry ließ Bella los.
„Und du, Tobi, willst bestimmt auch nicht, dass jemand von unserem Geheimnis erfährt, oder? Hast du dir nicht letzte Woche meine trockene Hose geliehen?"
Tobi schaute Laura schockiert an und wich zurück.
Laura nickte zufrieden, stapfte zur Pfütze und hob Zeus auf.

Er triefte vor Matsch. Sofort war Lauras hellblauer Rock komplett nass.
„Laura, was willst du mit dem blöden Mädchen?“, fragte der größte Junge. Sie warf ihm einen giftigen Blick zu.

„Das ist meine
du Blödmann!
Und jetzt

Schwester,

verzieht euch!“,

rief Laura **ganz** laut.

Die umstehenden Kinder bogen sich vor Lachen.

Mit dem nassen Zeus im Arm ging Laura zu Bella zurück.
„Den waschen wir zu Hause“, sagte sie und streckte ihr das Lama entgegen. „Der hält das schon aus, ist ja keine Nacktschnecke.“

Bella stand mit offenem Mund da.
Jetzt schämte sie sich, weil sie so gemein zu Laura gewesen war. Ihre liebste Laura.
Bella bekam glasige Augen und einen Kloß im Hals.
„Und?“, sagte Laura. „Bekomme ich jetzt endlich eine Umarmung?“
Da konnte Bella gar nicht anders, als um Lauras Hals zu fallen. Es ging ganz leicht. Einfach so.

„Bist du meine Schwester?“, fragte Bella Laura.
„Mitbewohnerin“, antwortete Laura. „Aber wenn du willst, auch Schwester.“

Das ist jetzt neun Monate her.
Seitdem sind Bella und Laura allerbeste Schwestern geworden.

Die morgens am Frühstückstisch Schokopops essen und quatschen.

Gemeinsam **Filme gucken.**

Gummitwist im Hof spielen.

Ringe aus dem Kaugummi-Automaten **tauschen.**

Und sich zusammen Geschichten ausdenken.
Bella malt die Bilder. Und **Laura schreibt** alles auf.

Diese Geschichte hat Bella ohne Laura angefangen. Aber wie es immer so läuft, ist Laura viel zu neugierig.
„Belli, was machst du da?“.
„Eine Überraschung“, murmelt Bella.
Aber Laura ist nicht zufrieden mit der Antwort.
„Zeig doch mal! Kann ich dir bei der Geschichte helfen?“
Bella rollt die Augen. „Na gut.“
Laura schaut sich die Bilder in Ruhe an
und schüttelt dann den Kopf.

„Ich kann aber gar
nicht freihändig Fahrradfahren."
„Stimmt. Das kann nur ich", sagt Bella.
„Aber sonst ist alles richtig, oder?"
„Sonst ist alles richtig", antwortet Laura und lächelt.

Gemeinsam werkeln sie noch ein bisschen und dann haben Laura und Bella die Geschichte ihrer Familie fertig gemalt.

Auf dem letzten Bild umarmen sich zwei kleine Mädchen neben einer Pfütze. Und ein nasses Lama ist auch dabei.

Sorgfältig kleben Bella und Laura den Text und die gezeichneten Kunstwerke zusammen.
Dann tippeln sie leise ins Nebenzimmer.
Da liegt ihr Babybruder Jakob in einer Wiege. Mama und Paulo haben ihn vor ein paar Tagen aus dem Krankenhaus mitgebracht. Seitdem weint er ganz viel und ganz laut in Bella und Lauras Ohren. Mama sagt jeden Tag, wie glücklich sie ist, dass sie nun **vier Kinder** hat. Ständig kommen Freunde vorbei und bringen Kuchen, Suppen in Plastikboxen, Ballons und Geschenke. Jakob hat schon drei Teddybären, einen Affen, ein Eichhörnchen und ein Nilpferd namens Bulette.
Und so haben auch Laura und Bella beschlossen, Jakob ein **Geschenk** zu machen.
„So, du kleiner Schreihals", sagt Bella und schiebt das gemalte Buch durch die Holzstäbe des Bettchens. „Das kannst du lesen, dann weißt du, wie lustig und verrückt unsere Familie ist."
„Oder ich lese dir die Geschichte vor, wenn du willst", sagt Laura.

Denn jetzt ist Jakob **der Neue**. Und seine Schwestern haben ihn schon **sehr lieb**.

„Aber dann“, das haben sie Mama und Paulo auch ganz deutlich gesagt, „ist erst mal Schluss mit neuen Mitbewohnern.“

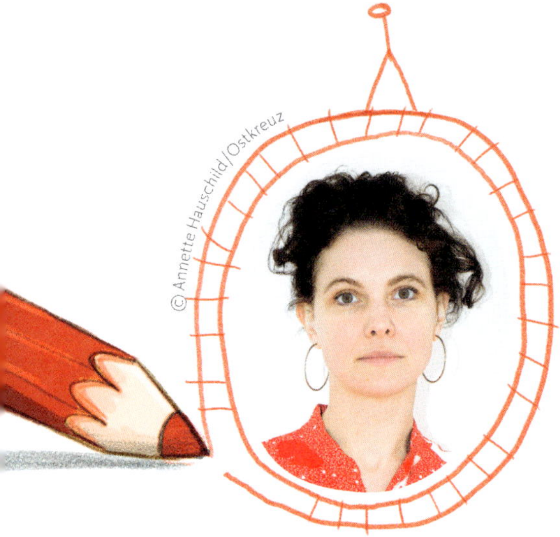

Caroline Rosales, Jahrgang 1982, wurde von ihren Mitschüler*innen in der Schule viel gehänselt und kennt das Gefühl auf dem Pausenhof in der hintersten Ecke zu stehen. Später studierte sie Journalistik, Sinologie und Klassische Archäologie an der Humboldt-Universität zu Berlin. Sie ist heute Redakteurin bei ZEIT ONLINE und schreibt auch Bücher für Erwachsene. Die Idee zum Buch kam ihr, als sie mit ihren zwei kleinen Kindern in eine große, leere Wohnung zog und kurze Zeit später ihren Freund kennenlernte. Einen Babybruder gibt es mittlerweile auch.

Laura Bednarski, Jahrgang 1992, konnte sich schon als Kind stundenlang im Zeichnen verlieren. Später studierte sie dann Illustration und Kommunikationsdesign an der Fachhochschule Münster und der HAW Hamburg und arbeitet heute als freiberufliche Illustratorin. Am allerliebsten illustriert sie Geschichten für Kinder. Dafür braucht sie immer ein gutes Hörbuch und mindestens eine Tasse Tee. Wenn sie gerade nicht am Zeichentisch sitzt, buddelt sie vermutlich im Garten oder stört ihren Kater bei seinem Schönheitsschlaf.

Allerbeste
Schwest
ern
M+P
L+B+J+A

Unser Versprechen für mehr Nachhaltigkeit

- Klimaneutrales Produkt
- Farben auf pflanzlicher Basis
- Papiere aus nachhaltigen und kontrollierten Quellen
- Hergestellt in Europa

FSC
www.fsc.org
MIX
Papier aus verantwortungsvollen Quellen
FSC® C002795

CARLSEN-Newsletter
Tolle neue Lesetipps kostenlos per E-Mail
www.carlsen.de

Völckerstraße 14–20, 22765 Hamburg
Text: Caroline Rosales
Illustration und Satz: Laura Bednarski
Lektorat: Katharina Eisele
Herstellung: Bettina Oguamanam
ISBN 978-3-551-51999-3

Carlsen-Bücher gibt es überall im Buchhandel
und auf carlsen.de